Manfred Grohe

Reutlingen und der Südwesten

N
W
O
S
0
10 km
20 km
Karlsruhe
Pforzheim
Enz
Neckar
Leonberger Dreieck
Stuttgart
Aale
Sommerberg
784 mn
DEUTSCHLAND
Mummelsee
Stausee Erzgrube
Herrenberg
Beben-hausen
Tübingen
Kirchheim/Teck
Geislingen
Nürtingen
Hohen-neuffen
Metzingen
Reutlingen
Eningen
Achalm
707 m
Pfullingen
Bad Urach
Erms
Dorn-stetten
Freudenstadt
Rottenburg
Roßberg
869 m
Schloss Lichtenstein
Münsingen
Ulm
Haigerloch
Hechingen
Mössingen
Farrenberg
Marbach
Hohenzollern
956 m
Raichberg
Trochtelfingen
Balingen
Hayingen
Donau
Lochenstein
964 m
Albstadt
Zwiefalten
Rottweil
1015 m
Lemberg
Riedlingen
Bussen
767 m
Riß
Fürstenhöhe
794
Dreifaltigkeitsberg
983 m
Villingen-
Schwenningen
Sigmaringen
Federsee
Biberach
Beuron
Lupfen
977 m
Bad Saulgau
Schellenberg
821 m
Witthoh
860 m
Ostrach
Weingarten
Ravensburg
Überlingen
Randen
901 m
Singen
Mainau
Meersburg
Schaffhausen
Reichenau
Konstanz
407 m
Friedrichshafen
Rhein
Bodensee
Lindau
Pfänder
1064 m
Bregenz
SCHWEIZ
ÖSTERREICH
Burghorn
866 m
Zürich
Limmat
Greifen-see
Zürichsee
Pfäffiker See
Hörnli
1133 m
St.Gallen
673 m
Start/Ziel Flug
Start/Ziel Flug
Flugroute 1
Flugroute 2

Manfred Grohe

Reutlingen und der Südwesten

Luftbilder

Oertel + Spörer

Bibliografische Information Der Deutschen Bibliothek
Die Deutsche Bibliothek verzeichnet diese Publikation in der Deutschen Nationalbibliografie; detaillierte bibliografische Daten sind im Internet über http://dnb.ddb.de abrufbar.

Postfach 16 42, 72706 Reutlingen

Übersetzungen:
Englisch: Friedrich Pflüger, Pfullingen;
Französisch: Michèle Agreil-Chrysakopoulos, Reutlingen
Gestaltung: TRIPLE•X Communications, Wannweil
Übersichtskarte S. 2: Anneli Nau, München
Satz und Repro: Raff digital GmbH, Riederich
Schrift: FF Meta
Druck: Oertel+Spörer Druck und Medien-GmbH+Co., Riederich
Bindung: Realwerk G. Lachenmaier, Reutlingen
Printed in Germany
ISBN 3-88627-269-9

Grußwort

von Regierungspräsident Wicker

Der Südwesten, dessen Schönheit und Charakteristik im vorliegenden Bildband aus der Vogelperspektive dargestellt wird, ist von einer außergewöhnlichen landschaftlichen und kulturellen Vielfalt. Wohnortnahe Arbeitsplätze, berühmte Kulturschätze und eine weitgehend intakte Natur stehen für eine hohe Lebensqualität.
Die naturräumlichen Gegebenheiten wie auch umfangreiche Freizeitmöglichkeiten und zahlreiche kulturgeschichtlich bedeutsame Sehenswürdigkeiten begründen auch die besondere touristische Attraktivität. Der Schwarzwald ist die größte touristische Region des Landes. Aber auch die Schwäbische Alb, der Bodensee, Oberschwaben und das Allgäu erfreuen sich bei Touristen, vom Wanderer bis zum Kurgast, zunehmender Beliebtheit.
Daneben weist der Südwesten zahlreiche vitale Zentren wirtschaftlicher Aktivität auf. Viele weltweit agierende, traditionsreiche Unternehmen sind hier beheimatet. Wurzeln des Wohlstands sind jedoch weniger natürliche Reichtümer als vielmehr praktische Initiativen und schöpferische Ideen. Viele Arbeitsplätze finden sich daher auch in den zukunftsträchtigen Wirtschaftsbereichen Forschung und Entwicklung.

Die Stadt Reutlingen hat sich von einer mittelalterlichen Tuchmacherstadt zu einem bedeutenden Industrie- und Dienstleistungszentrum entwickelt und ist seit Beginn der Industrialisierung der größte Wirtschaftsstandort zwischen Stuttgart und dem Bodensee. Malerisch am Fuße der Achalm gelegen, präsentiert sich Reutlingen heute auch als Stadt mit einem vielfältigen kulturellen Angebot.
Mit dem aus der Region stammenden renommierten Fotografen Manfred Grohe wurde für die Aufnahme der Luftbilder ein ausgewiesener Kenner des Südwestens gewonnen, dem es hervorragend gelungen ist, Eigenart und Faszination der Landschaft aus einer übergeordneten Perspektive auf Zelluloid zu bannen. Das Werk ist daher nicht nur Anschauungsmodell für Einheimische in den betreffenden Gemeinden, sondern daneben Anregung, den Südwesten nicht nur bildlich, sondern auch im Rahmen eines Besuchs kennen zu lernen.
Ich wünsche dem Bildband eine zahlreiche Leserschaft.

Hubert Wicker
Regierungspräsident

Geleitwort

des Verlegers Valdo Lehari jr.

Leonardo da Vinci hat es prophezeit: »Der Mensch wird mit seinen großen Flügeln, indem er gegen die widerstrebende Luft Kraft erzeugt, siegreich die Luft unterwerfen und sich auf ihr erheben können.« Er hat Recht behalten – und wie! Denn die Entwicklung der modernen Luftfahrt hat die Welt zum globalen Dorf schrumpfen lassen, in wenigen Stunden ganze Kontinente überspringen ist uns längst Gewohnheit geworden. Immer höher, schneller, weiter, mit nachlässigem Blick auf das Detail.

So zu fliegen käme Manfred Grohe nie in den Sinn. Dieser Bildband, den ich Ihnen als Verleger des Reutlinger General-Anzeiger, auch im Namen meines Vaters, vorstellen darf, beweist dies in eindrucksvollen Bildern. Denn Grohe, der seit vielen Jahren als Profi-Fotograf für Publikationen aller Art auf der ganzen Welt arbeitet, ist kein »Überflieger«, der so schnell wie möglich von A nach B kommen will. Grohe ist trotz aller Weltläufigkeit immer auch »Heimatkundler« geblieben, ein Maler, der aus der Vogelperspektive Landschaften, Städte, Dörfer zeichnet – dreidimensional, in berauschenden Farben und aus atemberaubenden Perspektiven.

Grohe macht uns dabei zu Copiloten. Er nimmt uns mit auf seinen Flügen von Reutlingen, Tübingen, die Albhochfläche bis nach Ulm, Ravensburg und zum Bodensee sowie über den Schwarzwald nach Stuttgart. Wir atmen durch und sind überwältigt vom unverstellten Blick auf eine der schönsten und landschaftlich reizvollsten Gegenden der Republik. Auf hunderten Fotos hat Grohe seine Reise nach Reutlingen und durch den Südwesten festgehalten, mehr als 130 davon werden jetzt zum ersten Mal als geschlossener Reigen in diesem Buch präsentiert.

Wer Menschen beim Betrachten eines Bildbandes beobachtet, wird feststellen, dass sie es immer auf die selbe Art und Weise tun. Sie nehmen das Buch zur Hand, lassen sich verzaubern von den Fotos, registrieren den ungewöhnlichen Blickwinkel, staunen über die Tiefenschärfe – und stutzen, wenn sie Landschaften oder Städte entdecken, mit denen sie ein Wiedersehen erleben. In Reutlingen orientieren sie sich an der Marienkirche, wandern mit dem Finger die Wilhelmstraße entlang zum Burgplatz, zeigen auf das Haus, in dem sie aufgewachsen sind, in dem sich ihr Lieblingsrestaurant befindet oder in dem sie seit 20 Jahren ihren Arbeitsplatz haben. Auf dem Foto vom Freibad suchen sie ihren schattigen Stammplatz und in Meersburg am Bodensee entdecken sie das Hotel, in dem sie einmal im Jahr einen Kurzurlaub verbringen. Andere fahren mit den Augen die A8 hinauf zum Aichelberg und erinnern sich mit Grausen an den Stau vom vergangenen Sommer, der sie drei Stunden am Fuß der Schwäbischen Alb festgenagelt hat – natürlich auf dem Weg in den Urlaub.

Es ist diese ganz persönliche Sicht der Dinge, die Grohes Bildband zu einem Erlebnis machen. Und zu entdecken gibt es viel: Von Reutlingen aus geht der Flug durch das Ermstal über Bad Urach hinauf auf die Alb nach Ulm, über Münsingen, Trochtelfingen, Zwiefalten, Albstadt und Balingen weiter nach Rottenburg und Tübingen. Eine andere Flugroute führt vom Donautal ins Allgäu, an den Bodensee, den Schwarzwald und endet in Stuttgart. Dabei sind die Fotos von Manfred Grohe weit mehr als Abbilder der Erdoberfläche, mehr als dreidimensionale Landkarten, mehr als eine graphische Datenverarbeitung und mehr als bloße Dokumentation von Umweltdaten und Landschaftsplanung.

Grohes Luftbilder zeigen uns die Natur in all ihren Fassetten, aus allen möglichen Blickwinkeln, zu jeder Jahreszeit. Und auch wenn sie manchmal aus großer Höhe fotografiert wurden, sind sie nie oberflächlich, sondern detailverliebte Momentaufnahmen einer Landschaft – und damit auch ihrer Menschen, die diese Landschaft gestalten und somit verändern. Von daher ist dieser Bildband nicht nur ein optischer Genuss, sondern auch ein bedeutendes Stück Zeitgeschichte.

Steigen Sie also ein, nehmen Sie Platz und heben Sie ab zu einer Reise nach Reutlingen und den Südwesten Baden-Württembergs.

Ich wünsche Ihnen einen guten Flug und vor allem viel Spaß beim Betrachten einmaliger Naturschönheiten, die sich einem so nur aus der Vogelperspektive erschließen.

Herzlichst Ihr

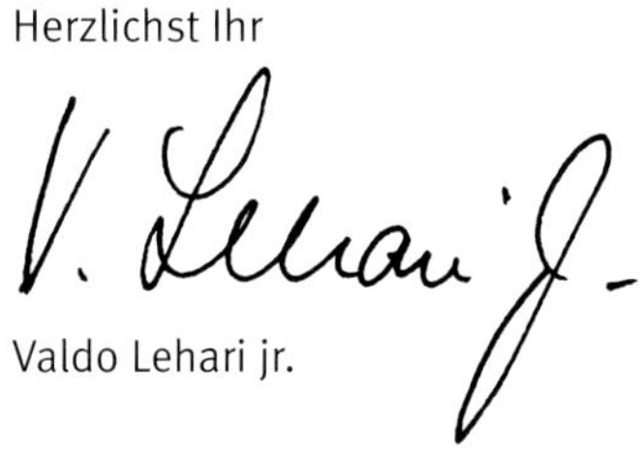

Valdo Lehari jr.

Das große Ganze

Beobachtungen des Luftbild-Fotografen
Manfred Grohe

Manfred Grohe

Nirgendwo auf der Welt gibt es so viel Vielfalt und Buntheit auf engem Raum, so viel Wechsel der Landschafts-Gesichter auf kurze Distanz wie zwischen Neckar und Alpen, Rheintal und Stuttgart, Schwarzwald und Bodensee. Der das sagt, ist urteilsfähig: Der Fotograf Manfred Grohe hat in fünfzig Fotografen-Jahren und dreißig Jahren Luftbild-Fotografie die Welt beobachtet: Aus der Luft, von wo aus er sich stets den ersten Überblick verschafft, vom Boden aus, auf dem er sich bodenständig der Realität stellt.

Da ist Faszination. Mehr zu sehen. Die großen Linien, die Zusammenhänge, das große Ganze. Das bleibt, lässt nicht nach, begeistert ihn und seine verlässlichen Partner im Cockpit von Start zu Start aufs Neue. Aber sie haben in vielen gemeinsamen Beobachtungs-Jahren auch gelernt, Respekt zu haben vor der Natur. Sie sei, so Grohe, erhaben über menschliches Machwerk und Streit.

Dieses menschliche Machwerk aber macht ihm auch zu schaffen, wenn er mit unverstelltem Blick von oben wahrnimmt, wie dieses Land sich ändert. Grohes Ausgangspunkt in alle Welt ist sein Kirchentellinsfurt, fast genau die Mitte von Baden-Württemberg. Der langjährige Kommunalpolitiker, verbunden mit dem Boden, auf dem er lebt, hat aus der Luft betroffen die Tatsache wahrgenommen, dass sich in dreißig Jahren auch in diesem Land die Landschaft kontinuierlich durch Bauten und Straßen mehr verändert hat als in allen Zeiten zuvor: »Das kann so nicht weitergehen!« Die besiedelte Fläche ist heute doppelt so groß wie zu Beginn seiner Foto-Dokumentationen aus 150 bis 4000 Meter Höhe an der Seite seiner Piloten, die seine Ansicht genauso teilen wie das Bedürfnis, für die andere Sicht der Landschaft in die Luft zu gehen, wenn das Licht danach ist. Gelegentlich hat Manfred Grohe den Tübinger Kreistag verwünscht, in dem er bürgerverpflichtet stundenlang Sitzungen verbrachte, während draußen Sonne und Thermik stimmten.

Umwelt-Verantwortung ist Grohes Sache. Auch wenn er glaubt, die Luft-Einsätze fürs Bild verteidigen zu müssen mit dem Hinweis, so ein Flugzeug verbrauche nicht viel mehr Benzin als ein Auto, nämlich 35 Liter auf 200 Kilometer, brauche zudem keine Straßen, die mehr Landschaft fressen als Landeplätze.

Die Flughafen-Nähe ist von Vorteil, genauso wie das gleiche Interesse, das gleiche Engagement der Piloten, die seit vielen Jahren freundschaftlich seine Arbeit begleiten und ihn unterstützen wie 17 Jahre der Tübinger Industrielle Richard Braun, der bei schönem Wetter »immer startbereit vor seiner Lustnauer Halle« war, wie Erwin Gamerdinger, der Flugsportler aus Unterjesingen, und Helmut Vogt vom Luftsportverein Mössingen. Grohe: »Sie wissen schon, wenn sie anrufen müssen.« Wissen, dass der Fotograf in journalistischer Routine schnell reagieren muss, was er braucht, um Raum und Zeit gerecht zu werden, um Stimmungen und Aussagen festzuhalten: Bilder sind langweilig, wenn die Sonne senkrecht steht, bleibt sie flach im Herbst, tun sich im Nebelmeer mit den Linien von Alb und Schwarzwald bis zur Alpenkette am Horizont faszinierende Ein- und Ausblicke auf.

Der Mann, der mit der Kamera in handwerklicher Meisterschaft und journalistischer Professionalität umgeht, sieht nicht kritiklos nur das Schöne. Er beobachtet kritikbereit – bei allem Respekt vor der Erhabenheit der Natur und der Würde des Menschen. Beide porträtiert er mit Verstand und spontanem Einfall. Ein sachlicher Schwabe, reaktionsschnell, begabt, mehr zu sehen, Stimmungen zu erfassen. Mit positiver Lebenseinstellung bemerkt er heute aus der Luft Veränderungen in dreißig Jahren, die der Mensch neben der Zersiedelung der Landschaft und der Ballung der Ballungsräume auch hergestellt hat: Die Luftreinheit hat deutlich zugenommen, seit die Industrie-Schornsteine weg sind. Städte und Dörfer haben viel mehr Grün, politische Initiativen zur Begrenzung des Landverbrauchs beginnen zu greifen.

Die Welt von oben ist ein Abenteuer. Jedesmal neu für Manfred Grohe, der bis auf wenige Ausnahmen alle Länder dieser Welt kennt und große Bildreportagen daraus gemacht hat. Als Fotograf in Reutlingen mit Schwerpunkt Industrie-Fotografie hat er vor fast vierzig Jahren sein erstes Luftbild gemacht. Von einer zweisitzigen Piper aus, Pilot und Kamera-Mann hintereinander sitzend, Tür nach oben geklappt, das Objektiv nach unten gerichtet. Heute agiert der Routinier in geschützter offener Kabine neben dem, der das Flugzeug lenkt. Interessant: wo er auch war im Ausland, er hat zuallererst einen kleinen Flieger

Pilot Helmut Vogt (links) und Manfred Grohe vor der »Jodel«.

gemietet und sich so den Ein- und Überblick verschafft.
Luft kann ruppig sein, die Sommer-Thermik am Flugzeug rütteln. Dann dreht das Team vorsichtig ab. Klare Sicht nach Gewittern reißt jedoch auch Routiniers zu Begeisterung hin beim Flug über Bodensee, Alpen und Rhein, Schwarzwald und Schwaben. Sekundenschnell muss der Fotograf gleichwohl das Bild erkennen, wenn Stimmungen der Szene ihren besonderen Charakter geben wie Raureif der herbschönen Alb-Weite.

So ist der Fotograf auch Grafiker, der aus der Distanz heraus den Gehalt des Bildes erkennt, das unter ihm liegt. Beackertes Land, gekreuzte Wege, geometrische Flächen, begrenzte Idylle. Robustes, Feinliniges, Herbst- und Frühlingsbuntes, Blaues, Weißes, Graues. Rote Dächer-Meere, Häusermassen und türkisfarbene Schwimmbäder. Das Grün der unangetasteten Reutlinger Achalm im dichten Siedlungsrund, blütenschäumende Streuobstwiesen, Felsriffe und Wellen des versteinerten Jurameeres, der tosende Rheinfall, mitten hinein, Silberbänder von Flüssen und Seen, Sonnenauf- und -untergänge, das Spiel mit Schnee und Nebel, das versöhnliche Bild des Regenbogens, stille Schafherde und wimmelnde Hengstparade auf der Schwäbischen Alb. Der Machtanspruch von Bastionen, Burgen und Schlössern.
Mittelalterliche Mauerringe um städtische Enge.
Zeit-Zeichen alter und neuer Architektur.
Landmarken wie Fernseh-, Wasser-, Kirchturm und Kapelle. Weinberge, Windräder, landverschleißende Industrie, verwirrende Verkehrsspuren um eine Stadt wie Stuttgart. Von oben zeigt sich manchmal erst das Wesen der Dinge.

Die Welt hat ganz anderen Gehalt, ganz andere Aussagen für den, der sie wahrnimmt wie einer, der geübt ist in der Kunst des Sehens. Der Fotograf Manfred Grohe lässt sie sprechen.
Er interpretiert sie und hält doch fest, wie sie wirklich ist: »Der schönste Beruf, den es gibt.«

Ingeborg Kunze

Pilot Erwin Gamerdinger und Manfred Grohe (rechts) vor der »Morane«.

The Big Picture

by Ingeborg Kunze

Viewed from the top the world changes: the space is wide open, and so is the mind, putting many a well-grounded experience into perspective. Even so, aerial photographer Manfred Grohe of Kirchentellinsfurt is enough of a realist not to loose his footing while flying high. Sophisticated and widely travelled, he has remained firmly rooted in his pensive Swabian self which naturally repels anything oversized or overstated. He is not a stranger to the elation felt above the clouds, though, where our petty little affairs dissolve in the big picture.

A keen observer of nearly five decades, Grohe has developed a deep respect for nature. Unsurprisingly this has increased his awareness for how we manage our environment – growth and development, road construction, urban sprawl.

Yet it is his very work that clearly documents the effects of our more informed environmental policies: the air has become cleaner. When now cities and sceneries are dramatically shrouded in mist, it is not by the smog of earlier years.

Manfred Grohe has seen all but a few countries of this Earth. He took photographs wherever he went, usually from up high first. For someone thus trained in the art of seeing, the world is a different matter, has a different meaning. It is from this viewpoint that his images speak to us – an interpretation, yes, but also a part of reality.

Tout l'immensité du monde

de Ingeborg Kunze

Le monde prend un autre aspect vu de haut : l'immensité s'ouvre, les étroitesses de l'espace et de l'esprit disparaissent, les lignes et les horizons sont autres que vus d'en bas. Cependant un réaliste tel que Manfred Grohe de Kirchentellinsfurt, photographe de vues aériennes, garde les pieds sur terre lors de ses grandes envolées. C'est un Souabe ouvert au monde, ayant voyagé loin, qui est pourtant resté solide et réfléchi, et qui ne tombe ni dans le démesuré ni dans l'exagéré. On conçoit cependant aisément qu'il connaisse aussi au-dessus des nuages ce sentiment de bonheur que l'on ressent quand ces mondes mesquins et petit-bourgeois se fondent en un immense tout.

Au cours de près de cinq décennies d'observation, son respect face à la nature s'est accru. Son regard n'en est que plus aigu sur le comportement de l'homme envers elle : les atteintes à l'environnement, l'occupation des sols, la construction des routes.

Sa documentation s'étend cependant aussi aux progrès faits dans la prise de conscience des problèmes de l'environnement : l'air s'est purifié. Si villes et campagnes offrent maintenant des images fascinantes dans le brouillard, il ne s'agit plus du smog des années passées.

Manfred Grohe connaît à quelques exceptions près tous les pays du monde. Il a pris partout des photos et avant tout des photos aériennes. Pour quelqu'un qui, comme lui, est exercé dans l'art de voir, le monde prend un tout autre contenu, une toute autre signification. Par son regard, par ses photos, il fait parler le monde, il l'interprète tout en insistant sur ce qu'il est réellement.

Reutlingen, die junge Großstadt – das Tor zur Alb

Reutlingen, the young city – the gateway to the Alb

Dernièrement passée au rang des grandes villes, Reutlingen – Porte du Jura Souabe

Reutlingen aus 2000 m Höhe mit Blick über die Albhochfläche

A vista of Reutlingen and the Schwäbische Alb plateau from 2000 m altitude

Reutlingen, de 2000m de haut, avec vue sur le plateau du Jura Souabe

Das Zentrum der ehemaligen freien Reichsstadt

The centre of the former free city

Le centre de l'ancienne ville libre d'Empire

Historisches und Modernes vereint in der Altstadt: Marienkirche (nationales Kulturdenkmal), Tübinger Tor und das Rathaus der Stadt

Uniting the historical and the modern: the old city with Marienkirche (a national cultural heritage), Tübingen Gate, and City Hall

Histoire et temps modernes réunis dans la vieille ville : la Marienkirche (classée monument historique), la Porte de Tübingen et l'Hôtel de Ville

Licht-und-Schatten-Grafik im winterlichen Reutlingen

Light-and-shadow graphic in wintry Reutlingen

Clair-obscur, l'hiver à Reutlingen

Modernes Ambiente in der Kaiserpassage am Rande der Altstadt

Kaiserpassage: modern ambience at the periphery of the old city

Ambiance moderne dans le Kaiserpassage, à la périphérie de la vieille ville

Historischer Marktplatz mit dem Spitalhof in der Bildmitte

The historical market square with the Spitalhof (hospital) in the centre of the image

Place historique du Marché, avec l'Hôtel-Dieu au centre de la photo

Blick vom Zentrum Reutlingens nach Westen bis zur Fachhochschule

From Reutlingen centre westwardly to the College

Vue du centre de Reutlingen vers l'ouest, jusqu'à l'ESC (Ecole Supérieure de Commerce)

Der Hausberg der Reutlinger, die Achalm (707 m ü.NN.)

Achalm, Reutlingen's local mountain, 707 m high

L'Achalm (707m alt.) veille sur la ville

Winterliche Achalm über den Wohngebieten von Eningen

Wintry Achalm towers over the residential areas of Eningen

Vue d'hiver sur l'Achalm et les habitations d'Eningen

Volkspark, Pomologie und das Veranstaltungszentrum Listhalle

Volkspark, Pomologie (the former institute for fruit-growing), and the Listhalle cultural centre

Le parc municipal, la Pomologie et la Listhalle, salle des fêtes et des congrès

Die »Obere Wässere« in Reutlingen, ein Beispiel gelungener Stadtsanierung

»Obere Wässere« in Reutlingen, a redevelopment success story

Le quartier »Obere Wässere«, un modèle réussi de restauration dans la vieille ville

Jung und Alt tummeln sich im Reutlinger Freibad (mit Wellenanlage und Sprungbecken)

Fun for the young and old at the Reutlingen public pools with its wave and diving pools

Jeunes et moins jeunes trouvent leur plaisir dans la piscine d'été (avec animation de vagues et bassin réservé aux plongeurs)

Die Reutlinger Symbolberge Achalm und Georgenberg im Wolkenmeer

Achalm and Georgenberg, the hallmark mountains of Reutlingen, adrift in clouds

L'Achalm et le Georgenberg, emblèmes de la ville, dans une mer de nuages

Reutlingen präsentiert sich mit einem modernen Fußballstadion

Reutlingen is home to a modern football arena

Reutlingen possède un stade de foot moderne

Der Campus der Reutlinger Fachhochschule im Hohbuch

Reutlingen College campus, located in the Hohbuch area

Campus de l'Ecole Supérieure de Commerce dans le quartier Hohbuch

Das Wohnbaugebiet Schafstall rundet die Bebauung im Südwesten der Stadt ab

The Schafstall section completes the development in the southwest of the city

Le quartier »Schafstall« complète l'ensemble des constructions dans le Sud-Ouest de la ville

Orschel-Hagen, eine Wohnsiedlung aus den 60er-Jahren im Norden von Reutlingen

Orschel-Hagen, a residential area north of Reutlingen, was developed in the 1960

Orschel-Hagen, un quartier résidentiel des années 60, dans le Nord de Reutlingen

Industrie- und Handelszentrum im Gewerbegebiet Mark West an der B 28

Mark West centre for industry and commerce adjoining federal route B28

Le Centre d'Industrie et de Commerce dans la zone industrielle Mark West, le long de la nationale B 28

Die Reutlinger Stadtteile und Teilgemeinden: Betzingen . . .

Reutlingen's suburbs and incorporated municipalities: Betzingen . . .

Faubourgs et communes rattachées à Reutlingen : Betzingen . . .

In der Oststadt befinden sich schöne Villen von der Stadt bis auf den Achalmhang hinauf

In Oststadt grand townhouses blend into the villas on the slopes of Achalm

Dans l'Est de Reutlingen, les belles villas remontent la pente de l'Achalm

Das Gmindersdorf ist ein Paradebeispiel sozialen Wohnungsbaus im Industriezeitalter

Gmindersdorf is a prime example of social-inspired company housing in the Industrial Age

Le quartier »Gmindersdorf« est un modèle exemplaire de logements sociaux à l'ère industrielle

Ohmenhausen

Bronnweiler

Gönningen

Sondelfingen

Rommelsbach

Degerschlacht

Sickenhausen

Ein beliebtes Naherholungsgebiet für die Reutlinger: der Baggersee im Neckartal bei Kirchentellinsfurt

A favourite spot for recreation: the artificial lake in the Neckar valley near Kirchentellinsfurt

C'est une région de loisirs très appréciée par les habitants de Reutlingen : le lac artificiel dans la vallée du Neckar, près de Kirchentellinsfurt

Altenburg

Reicheneck

Oferdingen

Mittelstadt

Das Landwirtschaftliche Versuchsgut Lindenhof der Uni Hohenheim bei St. Johann (oben), bei Eningen (unten)

Lindenhof, an agricultural research station of Hohenheim University, near St. Johann (above), near Eningen (below)

Le Lindenhof, la ferme expérimentale de l'université de Hohenheim, près de St Johann (en haut), près d'Eningen (au-dessus)

Eningen liegt eingebettet zwischen der Achalm und dem Albtrauf

Eningen is nestling between Achalm and the rim of the Schwäbische Alb

Eningen s'étend entre l'Achalm et les derniers contreforts du Jura Souabe

Hinter der Achalm erheben sich im Nebelschleier die Albberge vom Rossberg bis zum Plettenberg

Behind Achalm, Alb mountains from Rossberg to Plettenberg rise from veils of mist

Derrière l'Achalm se dressent dans un voile brumeux les sommets jurassiens du Rossberg au Plettenberg

Der Wackerstein bei Pfullingen ist ein beliebtes Ausflugsziel für Wanderer

Wackerstein near Pfullingen is a favourite attraction for hikers

Le Wackerstein, près de Pfullingen, est un but d'excursion apprécié des randonneurs

In Pfullingen gelang eine harmonische Symbiose zwischen historischer Altstadt und Stadtsanierung

Pfullingen stroke the right balance when redeveloping its medieval centre

Pfullingen, on est parvenu à une symbiose harmonieuse entre la cité historique et l'urbanisation des vieux quartiers

Eine herrliche Aussicht genießt man vom sagenumwobenen Mädlesfelsen bei Pfullingen

Mädlesfelsen (Maiden Rock) offers legends as well as a grand vista

Du haut du Mädlesfelsen, entouré de légendes, on jouit d'une vue magnifique sur Pfullingen

»Pfullinger Unterhos« – die gehisste Flagge signalisiert die Öffnung des originellen Aussichtsturms

Schönberg Lookout Tower a.k.a. »Pfullingen Long Johns« is open to the public whenever the flag is hoisted

»Pfullinger Unterhose« (la »culotte de Pfullingen«) – le drapeau hissé indique que cet original belvédère est ouvert au public

Honau an der Echazquelle liegt eingebettet zwischen Traifelbergfelsen und Lichtenstein im Echaztal

Honau at the head of the Echaz valley is flanked by the Traifelberg Cliffs as well as Lichtenstein Castle

Honau, à la source de l'Echaz, blotti entre les rochers du Traifelberg et du Lichtenstein

Schafe im Einsatz als Landschafts-pfleger bei Schloss Lichtenstein

Ruminant gardeners at work near Lichtenstein Castle

Des moutons, contribuant activement à la protection du paysage, près du château de Lichtenstein

Bizarre Raureifstimmung beim Schloss Lichtenstein

Lichtenstein Castle held under a frosty spell

Etranges formations de givre près du château de Lichtenstein

Der Nebel lichtet sich, zurück bleibt eine verzauberte Landschaft

The rising mists reveal an enchanted scenery

Le brouillard s'estompe ... reste un paysage ensorcelé

Berge der Alb vereint (von vorne nach hinten): Rossberg, Hülsenberg, Farrenberg, Dreifürstenstein, Hohenzollern und die Balinger Berge bis zum Schwarzwald

Summits of the Alb telescoped together: Rossberg in front, followed by Hülsenberg, Farrenberg, Dreifürstenstein, Hohenzollern and the Balingen mountains, and Black Forest in the back

Vue d'ensemble sur le Jura Souabe, avec d'avant en arrière, les monts de Rossberg, Hülsenberg, Farrenberg, Dreifürstenstein, Hohenzollern et de Balingen jusqu'à la Forêt Noire

Dräuende Wolken wälzen sich über die Alb in Richtung Rossberg

Threatening clouds rolling across the Alb towards Rossberg

Ciel nuageux au-dessus du Jura Souabe, vers le Rossberg

Rossberg (869 m ü. NN.) mit Wanderheim des Schwäbischen Albvereins. Unterhalb des Turms erkennt man das Quenstedt-Denkmal

Rossberg with the hiking lodge of the Schwäbische Alb Club, and the Quenstedt Memorial below the tower

Le Rossberg (869m alt.) avec la Maison des Randonneurs de l'Association du Jura Souabe. Au pied de la tour, le monument commémoratif de Quenstedt

Die Sieben Keltern zeugen noch heute von der langen Weinbautradition in Metzingen

No less than seven winepresses attest to a long tradition of winemaking in Metzingen

Les sept Pressoirs témoignent de nos jours encore de la longue tradition viticole de Metzingen

Metzingen, berühmt als Mekka für Schnäppchenjäger

Metzingen, renowned as a bargain hunter's Mecca

Metzingen est le paradis des amateurs de bonnes affaires

Das Pumpspeicherwerk Glems produziert in Spitzenzeiten Strom

The Glems storage power station takes the edge off energy demand peaks

La centrale de pompage-stockage hydraulique de Glems contribue à la production de courant aux heures de pointe

Der Aussichtsturm Hohe Warte in einem herbstlichen Blättermeer

Hohe Warte Lookout Tower floating in an autumn-coloured sea

Le belvédère Hohe Warte dans une mer de feuilles d'automne

Die Ruine Hohenurach erhebt sich steil über dem Ermstal

The ruins of Hohenurach Castle are perched precipitously above the Erms Valley

La ruine de Hohenurach se dresse tout droit au-dessus de la vallée de l'Erms

Das Zentrum von Bad Urach mit Schloss, Amanduskirche und Marktplatz

The centre of Bad Urach, with the Castle, St. Amandus Church, and the market square

Le centre de Bad Urach avec son château, son église St Amand et la place du Marché

Der Runde Berg bei Bad Urach ist erforscht als ein prähistorisches Siedlungsgebiet

The Runder Berg (»round mountain«) near Bad Urach has been settled in prehistoric times

On se livre à des recherches archéologiques sur ce sommet arrondi près de Bad Urach: présence d'un site préhistorique

An schönen Tagen stürmen die Ausflügler die Burg Hohenneuffen

Stormed by day trippers any sunny day: Hohenneuffen Castle

Par beau temps, le château-fort de Hohenneuffen est envahi par les promeneurs

Markanter Punkt im Albpanorama: die Burganlage Teck bei Kirchheim

Prominent pointer in the skyline of the Alb: Teck Castle near Kirchheim

Ne passe pas inaperçu dans le panorama jurassien: le château-fort de Teck, près de Kirchheim

Münsingen auf der Hochfläche der Schwäbischen Alb

Münsingen on the plateau of the Schwäbische Alb

Münsingen, sur le haut plateau du Jura Souabe

Die Tage des Truppenübungsplatzes Münsingen sind gezählt. Das Bild zeigt Panzerstraßen beim ehemaligen Dorf Gruorn.

The days are counted for the Münsingen Military Training Area. The picture shows tank-track roads near the former village of Gruorn

Cet emplacement réservé aux manœuvres militaires, à Münsingen, va sous peu disparaître. Ici, des routes pour les blindés près du village désaffecté de Gruorn

Güllengrafik auf der Albhochfläche

Manure art on the Alb plateau

Œuvre graphique au lisier sur le plateau du Jura Souabe

Die Autobahn A8 erklimmt bei Aichelberg die Schwäbische Alb

Near Aichelberg, Autobahn A8 climbs up the rim of the Schwäbische Alb

Autoroute A8 sur le plateau souabe

Autobahn A8 auf der Alb bei Wiesensteig

Autobahn A8 on the Alb plateau near Wiesensteig

Près de Aichelberg, l'autoroute A8 grimpe sur le Jura Souabe

Ausapernde Felder bei Steinhilben auf der Schwäbischen Alb

The snow on the fields near Steinhilben is going

Traces de neige dans les champs près de Steinhilben, sur le plateau du Jura Souabe

Einem Lindwurm ähnlich befährt ein ICE die Geislinger Steige, die steilste deutsche Eisenbahnstrecke

Like a lindworm, an ICE train speeds up Geislinger Steige, Germany's steepest railroad grade

Tel une chenille, un ICE (train à grande vitesse) progresse sur la Geislinger Steige, la portion de ligne ferroviaire la plus raide d'Allemagne

Ein Albbauer bei der Heuernte als „Landschaftsgrafiker"

The haymaking farmer as an unwitting artist

Un paysan faisant les foins devient »paysagiste«

Das Ulmer Münster besitzt mit 161 m den höchsten Kirchturm der Welt

Ulm Cathedral includes, at 161 meters, the tallest steeple in the world

Avec ses 161m de haut, le clocher de la cathédrale d'Ulm est le clocher le plus haut du monde

Trochtelfingen mit seinen wunderschönen Fachwerkhäusern in der Altstadt

Marvellous half-timbered houses grace the historic centre of Trochtelfingen

Trochtelfingen et les magnifiques maisons à colombage de sa vieille ville

Die Lauchert mäandert durch das schneebedeckte Tal bei Gammertingen

Near Gammertingen, river Lauchert meanders down its wintry valley

Méandres de la Lauchert dans sa vallée enneigée près de Gammertingen

Edle Pferde ziehen Menschenmassen mit vielen Autos bei den Hengstparaden des Haupt- und Landgestüts Marbach an

Stud parades at the Marbach State Stud attract crowds – and cars

Au Haras du Land de Marbach, de nobles chevaux attirent des foules de gens et de voitures à l'occasion des parades d'étalons

Das Tal der Großen Lauter zählt zu den schönsten Tälern der Alb. Es übt geradezu eine magische Anziehungskraft auf Besucher aus

The valley of the Große Lauter is among the most scenic of the Alb, leaving large numbers of visitors spellbound

La vallée de la Große Lauter compte parmi les plus belles du Jura Souabe. Elle exerce un attrait quasi magique sur les visiteurs

Bichishausen mit Burgruine Bichishausen im Lautertal

Bichishausen, with its namesake fortress, in the Lauter Valley

Bichishausen et la ruine de son château-fort dans
la vallée de la Lauter

Ein auf Hayinger Markung liegender Kreuzweg

Way of the cross near Hayingen

Chemin de croix sur la commune de Hayingen

Eine für die Alb typische Wacholderlandschaft bei Hayingen (Kreis Reutlingen)

Juniper meadows like this one near Hayingen (Reutlingen district) are archetypal for the Alb

Paysage typique de genévriers près de Hayingen (canton de Reutlingen)

Die Wimsener Mühle an der Wimsener Höhle, die mit dem Kahn befahrbar ist

Wimsen Mill, near Wimsen Cave, which can be entered by small boat

Moulin de la Wimsen, près de la grotte de Wimsen que l'on peut visiter en barque

Schloss Ehrenfels zwischen Hayingen und Zwiefalten

Ehrenfels Castle between Hayingen and Zwiefalten

Château de Ehrenfels entre Hayingen et Zwiefalten

Der Sendeturm auf dem Plettenberg und im Hintergrund der Lochen

The transmitting tower on Plettenberg, Lochen in the background

La tour de la radio sur le Plettenberg et en arrière plan, le Lochen

Der Winter hat die Landschaft am Plettenberg fest im Griff

Winter has a tight grip on the Plettenberg countryside

L'hiver s'est confortablement installé dans le paysage du Plettenberg

Der barocke sakrale Prunkbau des Zwiefalter Münsters

Sumptuously appointed Zwiefalten Minster

La cathédrale de Zwiefalten, magnifique architecture sacrale baroque

Albstadt mit seinen Teilorten Ebingen, Tailfingen und Onstmettingen

Albstadt with its municipalities Ebingen, Tailfingen, and Onstmettingen

Albstadt avec ses faubourgs Ebingen, Tailfingen et Onstmettingen

Balingen unterhalb vom Lochenstein, links die durch ihre großen Kunstausstellungen bekannte Stadthalle

Balingen at the foot of Lochenstein; the Stadthalle culture centre (left) is famed for its great art exhibits

Balingen au pied du Lochen, avec à gauche, sa salle polyvalente célèbre pour ses grandes expositions d'Art

Der Farrenberg bei Mössingen erhebt sich wie ein Flugzeugträger aus dem Nebelmeer

Farrenberg near Mössingen rises from the mist like an aircraft carrier

Près de Mössingen, le Farrenberg se dresse tel un porte-avions hors de la mer de brouillard

Die Stammburg der Hohenzollern-dynastie: die Burg Hohenzollern

Burg Hohenzollern is the ancestral castle of the dynasty of Hohenzollern

Château de Hohenzollern, château principal de la dynastie des Hohenzollern

Der Kornbühl wird bekrönt von der idyllischen Salmendinger Kapelle

Kornbühl is crowned by the quaint Salmendingen Chapel

Le Kornbühl, couronné par l'idyllique chapelle de Salmendingen

Ballonfahrer genießen die winterliche Landschaft beim Kornbühl

Balloon pilots enjoy the winter-clad cenery near Kornbühl

Les montgolfières jouissent du paysage hivernal près de Kornbühl

Grüne Alleen säumen die Felder und Wiesen bei Bad Sebastiansweiler

Tree-lined fields and meadows near Bad Sebastiansweiler

De vertes allées bordent les prés et les champs près de Bad Sebastiansweiler

Im malerischen Haigerloch wurde die Grundlage für die Atomforschung gelegt

Picturesque Haigerloch – an unlikely cradle of nuclear research

C'est dans ce pittoresque Haigerloch que les bases de la recherche nucléaire ont été posées

Vier Millionen Kubikmeter Gestein und Erde stürzten beim Bergrutsch in Mössingen in die Tiefe

The Mössingen rockfall sent 4 million cubic meters of rocks and soil thundering down

Quatre millions de m³ de pierres et de terre se sont écroulés dans le glissement de terrain de Mössingen

Mössingen in einem Wolkenguckloch an einem Wintertag

Mössingen playing a wintry peekaboo

Mössingen par un jour d'hiver, à travers le trou d'un nuage

Ein Heißluftballonschwarm nutzt die günstigen Winde auf der Alb

Adrift in a favourable breeze over the Schwäbische Alb

Une nuée de montgolfières se laisse porter par les vents favorables

Das Klippeneck lockt mit seinen internationalen Flugwettbewerben Segelflieger aus nah und fern an

International glider competitions at Klippeneck Field attract pilots from near and far

Par ses compétitions aériennes internationales, le Klippeneck attire les planeurs de tous azimuts

Das Neckartal von Rottenburg bis Tübingen. In der Bildmitte die Domstadt Rottenburg am Neckar

The Neckar Valley between Rottenburg (seen in the centre) and Tübingen

Vallée du Neckar entre Rottenburg et Tübingen. Au centre, Rottenburg et sa cathédrale

Über Rottenburg – einem Bischofssitz – spannt sich ein Regenbogen

A rainbow arches over the diocesan town of Rottenburg

Arc-en-ciel au-dessus de la ville de Rottenburg, siège épiscopal

Die durch Ludwig Uhlands Gedicht weltbekannte Wurmlinger Kapelle

Wurmlingen Chapel was brought to fame by Ludwig Uhland's poem

Rendue célèbre par le poème de Ludwig Uhland – la chapelle de Wurmlingen

Baum und Feldkreuz bei Rottenburg-Dettingen werfen lange Schatten

Casting long shadows: tree and wayside cross near Rottenburg-Dettingen

Arbre et crucifix jettent leur ombre près de Rottenburg-Dettingen

Blick über den Schönbuch, Tübingen, das Steinlachtal und die Schwäbische Alb bis zum blauen Band der Alpen

From Schönbuch forest and Tübingen, over the Steinlach Valley and the Schwäbische Alb to the blue ribbon of the Alps

Vue sur le Schönbuch, Tübingen, la vallée de la Steinlach et le Jura Souabe jusqu'à la lisière bleue des Alpes

Die Tübinger Altstadt – ein Anziehungspunkt für Besucher aus dem In- und Ausland

The historic centre of Tübingen is a major tourist attraction – national as well as international

La vieille ville de Tübingen attire les visiteurs allemands et étrangers

Das moderne Tübinger Klinikum auf der Morgenstelle

The state-of-the-art University Hospital at Tübingen Morgenstelle

L'ensemble moderne des cliniques de Tübingen sur les hauteurs de Morgenstelle

Das Französische Viertel in Tübingen mit den ehemaligen Kasernen

The redeveloped barracks of Tübingen are part of the lively »French Quarter«

Tübingen – le »quartier français« avec les anciennes casernes

Auf 300 ha Anbaufläche wird auf dem Hofgut Einsiedel noch klassische Dreifelderwirtschaft betrieben

At Einsiedel Estate, three-field crop rotation is in use even now on 300 hectares of land

Le domaine Einsiedel pratique encore l'assolement triennal traditionnel sur une surface de 300 ha

Getreideernte auf dem Hofgut Einsiedel

Grain harvest at Einsiedel Estate

On moissonne, sur les terres du domaine Einsiedel

Baumblüte in den Streuobstwiesen an den Hängen des Schönbuchs bei Herrenberg

Orchards in blossom along the slope of Schönbuch Forest near Herrenberg

Arbre en fleurs au milieu des vergers en pente du Schönbuch

Die Zisterzienserklosteranlage Bebenhausen im Schönbuch, zeitweilig auch Sitz des Parlaments von Württemberg-Hohenzollern bis zur Vereinigung zu Baden-Württemberg

After World War Two, and up to the unification to form Baden-Württemberg, the Cistercian Monastery of Bebenhausen was a temporary seat of the State Assembly of Württemberg-Hohenzollern

Le cloître cistercien de Bebenhausen, dans le Schönbuch, fut également siège du parlement du Wurtemberg-Hohenzollern jusqu'à l'unification du Bade-Wurtemberg

Beim Benediktinerkloster Beuron im Donautal schlängelt sich Mitteleuropas längster Fluss durch eine tief eingeschnittene Landschaft

Near the Benedictine Monastery Beuron, central Europe's longest river Danube has carved a valley with steep cliffs

Près du cloître de bénédictins de Beuron, dans la vallée du Danube, le fleuve le plus long d'Europe centrale se glisse dans un paysage profondément encaissé

Beherrschend liegt die Burg Wildenstein über dem Donautal

Wildenstein Castle has a commanding position over the Danube Valley

Le château-fort de Wildenstein domine de toute sa hauteur la vallée du Danube

Stolz thront Schloss Werenwag über dem malerischen Donautal

The scenic valley of the Danube is overshadowed by Werenwag Castle

Le château de Werenwag se dresse fièrement au-dessus de la vallée du Danube

Der Tiergartenhof liegt an einer Flussschleife der Donau

Tiergartenhof on a meander loop of the Danube

Le »Tiergartenhof« s'étend dans l'une des boucles du Danube

Urstromtal der Donau bei Sigmaringen

Abandoned valley of the Danube
near Sigmaringen

Vallée de Danube
près de Sigmaringen

In beherrschender Lage über der Stadt und der Donau ist das Sigmaringer Schloss gebaut

Sigmaringen Castle towers above the
city and the Danube

Construit sur une hauteur, le château
de Sigmaringen domine la ville
et le Danube

Die Heuneburg, ein geschichtsträchtiger frühester Kelten-Siedlungsort

Heuneburg, an earliest Celtic settlement, hasn't yet given away all its secrets

Le Heuneburg, un site des premiers temps, riche en histoire

Bei den Ostracher Seen handelt es sich um künstliche Seen als Folge des Kiesabbaus

The Ostrach Lakes originated in the course of gravel extraction

Ces lacs d'Ostrach sont des lacs artificiels de gravières

Der Bussen, die höchste Erhebung im Oberland (767 m ü. NN.), mit der Wallfahrtskirche

Mount Bussen (767 m) with its pilgrimage church is the highest elevation between the Alb and Lake Constance

Le Bussen, point culminant de l'Oberland (767m alt.)

Weithin sichtbar ist die Basilika von Weingarten

Standing out from afar: Weingarten Basilica

La basilique de Weingarten se voit de loin

Die Abendsonne spiegelt sich silbern im Federsee, einem großen Naturschutzgebiet bei Bad Buchau

Federsee, a lake near Bad Buchau surrounded by a large National Park, reflects the evening sun

Le soleil couchant se reflète dans les eaux argentées du Federsee

Die oberschwäbische Metropole Ravensburg, die Stadt der Türme und Tore

The Upper Swabian metropolis of Ravensburg, a city of gates and towers

Ravensburg, métropole de l'Oberschwaben (le Sud du Jura Souabe), ville aux nombreuses Portes et Tours

Das Alpenvorland bei Wolfegg an einem klirrend kalten Wintertag. Am Horizont sind die Alpen erkennbar.

The prealpine region near Wolfegg on a crispy cold winter day. The Alps can be seen on the horizon.

Par un hiver glacial, la région de Wolfegg au pied des Alpes qui se dessinent à l'horizon

Lindau im Bodensee, darüber ein Luftschiff

A zeppelin goes over Lindau, Lake Constance

Lindau, au bord du lac de Constance. Un dirigeable plane dans le ciel.

Friedrichshafen am Bodensee – die Heimatstadt des Zeppelins

Friedrichshafen on Lake Constance – home of the zeppelin

Friedrichshafen, au bord du lac de Constance – ville natale de Zeppelin

Schloss Kirchberg am Bodensee mit Weinbergen. Im Hintergrund das Schweizer Ufer und der Säntis.

Kirchberg Castle and vinyards on Lake Constance, with the Swiss shoreline and Mt. Säntis in the back

Au bord du lac de Constance, le château de Schlossberg et ses vignobles. Au fond, les rives suisses et le Säntis.

Abendstimmung über Meersburg am Bodensee

Evening over Meersburg on Lake Constance

Le soir tombe sur Meersburg et le lac de Constance

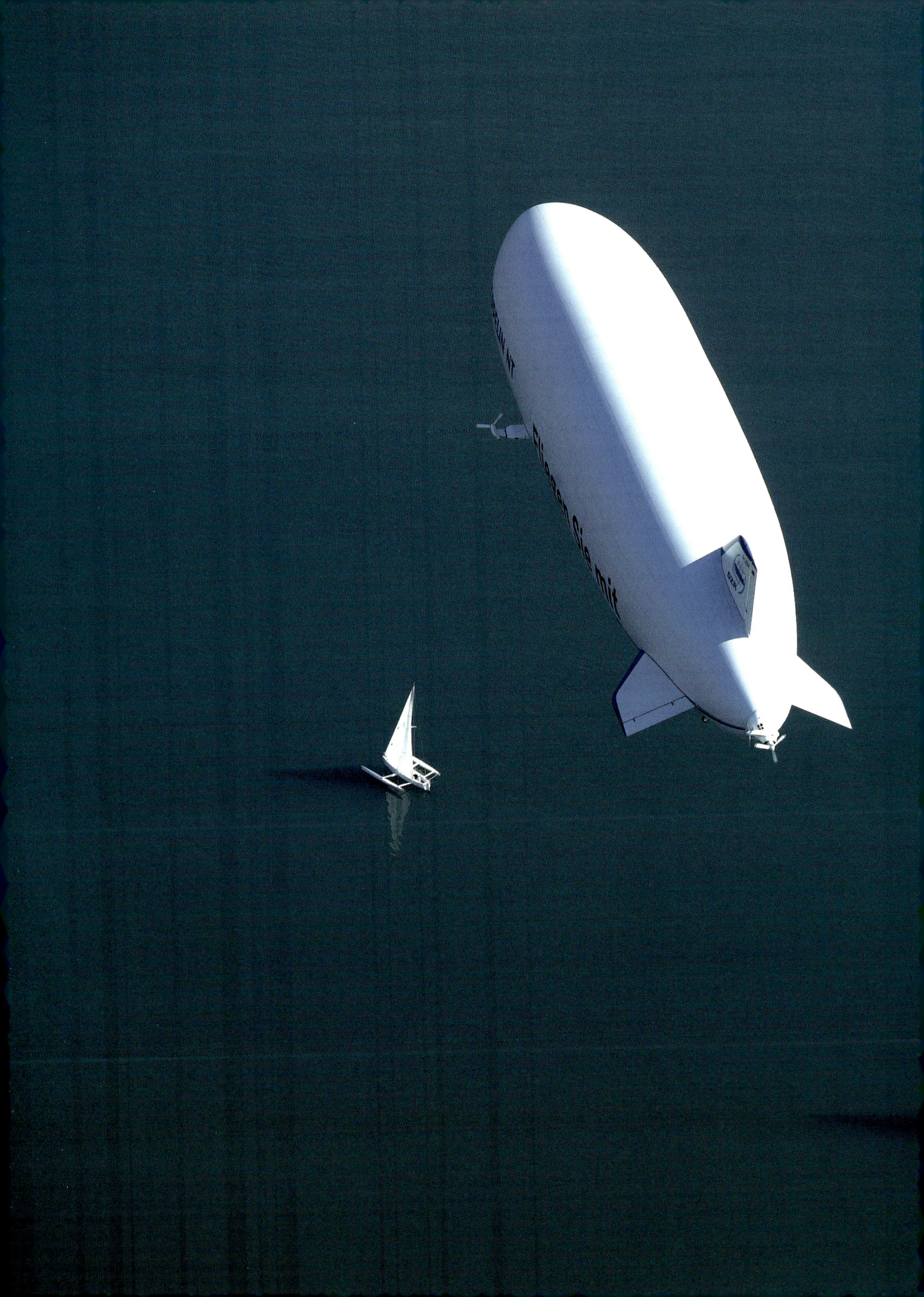
Fliegen Sie mit

Kloster Birnau bei Überlingen mit Schloss Maurach am winterlichen Bodensee

Birnau Monastery near Überlingen and Maurach Castle on a wintry Bodensee

Le cloître de Birnau et le château de Maurach près d'Überlingen dans un paysage hivernal

Freizeitvergnügen pur beim Segeln auf dem Bodensee, begleitet von einem Zeppelin

Yachting is only one of many ways to have fun on Lake Constance. A zeppelin goes over.

Yachting sur le lac de Constance. Dans le ciel, un dirigeable

Die Insel Reichenau mit Kloster Mittelzell und Jachthafen

Reichenau Island with Mittelzell Monastery and marina

Ile de Reichenau avec le cloître Mittelzell et le port de plaisance

Die Insel Reichenau (hier bei Rekordniedrigwasser 2003) wurde in das Verzeichnis als Weltkulturerbe aufgenommen

Reichenau Island (here during the record drought of 2003) is a world cultural heritage

L'île de Reichenau (ici en 2003, l'eau a atteint son record de niveau le plus bas) a été inscrite sur la Liste du Patrimoine Mondial

In Gohren bei Langenargen befindet sich der größte Jachthafen am Bodensee

Gohren near Langenargen has the largest yachting marina on Lake Constance

A Gohren près de Langenargen se trouve le port de plaisance le plus important du lac de Constance

Die Blumeninsel Mainau ist bekannt für die Blumenpracht in ihren Anlagen

Mainau Island is renowned for its flamboyant display of flowers

Mainau, l'île aux fleurs

Konstanz, die ehemalige Konzilsstadt am Bodensee, mit Universität

Constance, where the Church Council fought the heretics, and its University

Constance, où se tint autrefois un concile, avec son université

Bei Schneeschmelze tosen am Rheinfall in Schaffhausen bis zu 1 Mio. Liter Wasser pro Sekunde in die Tiefe

During spring thaw up to 1 million liters of water each second go thundering down Rhine Falls near Schaffhausen

A la fonte des neiges, il y a jusqu'à un million de litres d'eau par seconde qui déferlent par cette cascade naturelle vers la vallée

Der Mummelsee am Fuß der Hornisgrinde ist eine beliebte Raststelle für Autofahrer

Mummelsee at the foot of Mount Hornisgrinde is a favourite stop for drivers

Au pied du Hornisgrinde, le Murmelsee présente aux automobilistes une agréable aire de repos

Blick vom auftauenden Schluchsee zum Feldberg im Schwarzwald

The view is from Schluchsee reservoir to Feldberg, the highest summit in the state

Le Feldberg, vu à partier de Schluchsee, dont les eaux commencent à dégeler

Ein Windrad bei Löffingen durchstößt die Wolkendecke

A wind turbine near Löffingen reaches through the clouds

Une éolienne transperce les nuages près de Löffingen

Feldergeometrie im Schwarzwald

The geometry of fields in Black Forest

Dessin géométrique en Forêt Noire

Der Nagoldstausee bei Erzgrube dient der Energieerzeugung und als Wasserrückhaltebecken sowie als Badesee

The Nagold reservoir near Erzgrube produces power, helps with flood control, and is used for swimming

Le lac artificiel de Nagold, près d'Erzgrube, sert à la production de courant, à la retenue des eaux et également à la baignade

Der Schwarzwald-Kurort Freudenstadt mit dem größten Marktplatz Deutschlands

The Black Forest health resort of Freudenstadt is home to Germany's largest market square

La ville de cure de Freudenstadt, en Forêt Noire, possède la plus vaste place du Marché d'Allemagne

Wintergrafik bei Dornstetten im Schwarzwald

Wintry patterns near Dornstetten in Black Forest

Dessin hivernal, près de Dornstetten en Forêt Noire

Das Kinzigtal im Schwarzwald im wabernden Nebel

Billows of fog all but conceal Kinzig Valley in Black Forest

Vallée du Kinzig, dans les brumes

Der Dreifaltigkeitsberg bei Spaichingen vor dem Alpenpanorama

Dreifaltigkeitsberg (Mt. Holy Trinity) near Spaichingen to the fore of the chain of the Alps

La Dreifaltigkeitsberg près de Spaichingen devant le panorama des Alpes

Die Altstadt von Villingen in winterlicher Stimmung

The historic centre of Villingen in winter

La vieille ville de Villingen par un jour d'hiver

Die Altstadt von Rottweil, der ältesten Stadt Württembergs, ist Schauplatz des Rottweiler Narrensprungs

Rottweil, the oldest city in Württemberg, is home to the carnival rite of Narrensprung

La vieille ville de Rottweil, la ville la plus ancienne du Wurtemberg, assiste pendant le carnaval au »Narrensprung«

Der futuristische Stuttgarter Flughafen – Tor zur weiten Welt für Geschäftsreisende und Touristen

Stuttgart Airport – a futuristic gateway to business and tourist locations worldwide

Porte ouverte sur le monde aux hommes d'affaires et aux touristes: l'aéroport avant-gardiste de Stuttgart

Wohlgeordnetes Chaos in der Straßenführung am Leonberger Dreieck

Well-routed chaos at the Leonberg Autobahn junction

Circulation chaotique, en apparence seulement, à l'échangeur de Leonberg